かわいい！

おしゃれ！

小学校で使える
いろいろテンプレート
CD-ROM

教師生活向上プロジェクト 編

東洋館出版社

CONTENTS 目次

本書活用のポイント …… 4

①年間通して盛りだくさん！ 季節の行事・イベント …… 7

- 1　新年度 …… 8
- 2　遠足 …… 10
- 3　運動会 …… 12
- 4　夏休みの生活 …… 14
- 5　夏休みの学習 …… 16
- 6　夏の行事 …… 18
- 7　防災・安全 …… 20
- 8　学芸会・音楽会 …… 22
- 9　秋の行事 …… 24
- 10　冬休み …… 26
- 11　マラソン・なわとび大会 …… 28
- 12　冬の行事 …… 30
- **ONE POINT ADVICE 1**　データの見つけ方 …… 32

②毎日が楽しくなる！ 掲示物・配付プリント …… 33

- 1　時間割 …… 34
- 2　座席表 …… 38
- 3　日直 …… 40
- 4　係・委員会 …… 42
- 5　掃除・給食 …… 44
- 6　めあて …… 46
- 7　保護者向けおたより …… 48
- 8　招待状 …… 50
- 9　誕生日 …… 52
- 10　ルール・マナー …… 56
- 11　チェックシート …… 58
- **ONE POINT ADVICE 2**　Wordデータの使用方法 …… 60

③ 授業で使える！ 学習ワークシート …… 61

1	国語 …… 62
2	社会 …… 64
3	算数 …… 66
4	理科 …… 68
5	生活 …… 70
6	音楽 …… 72
7	図画工作 …… 74
8	外国語活動 …… 76
9	体育 …… 78
10	家庭 …… 80

ONE POINT ADVICE 3 Wordデータのアレンジ方法 …… 82

④ もらってうれしい！ かわいい・かっこいい賞状 …… 83

1	表彰状・感謝状 …… 84
2	努力賞 …… 86
3	運動会・学芸会 …… 88
4	メダル・記録認定証 …… 90
5	学習に関する賞 …… 92
6	生活に関する賞 …… 94

ONE POINT ADVICE 4 飾り罫・飾り囲みを使ったアレンジ方法 …… 98

⑤ おたよりが華やかに！ メッセージカード・飾り罫 …… 99

1	休んだ子への連絡カード …… 100
2	メッセージカード …… 102
3	便箋 …… 104
4	飾り罫 …… 106
5	飾り囲み …… 108

CD-ROM 使用上の注意点 …… 110

本書活用のポイント

小学校で使える、かわいくておしゃれなテンプレートが満載です。
付属のCD-ROMを活用して、学校生活をよりいっそう明るく楽しいものにしていきましょう！

■本書の見方

章タイトル・項目名
章の名前と、その項目名を記載しています。本書は、5つの章で構成されています。付属のCD-ROM内のフォルダも「各章→項目」の順番で収録されています。

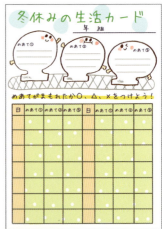

ファイル番号
付属のCD-ROMに収録されているテンプレートデータのファイル番号です。ファイル形式はPNGデータ（.png形式）、およびWordデータ（.doc形式）の2種類があります。
CD内のファイル名には、カラーデータは末尾にc、モノクロデータは末尾にkがついています。

推奨サイズ
ポスターはB4判、プリントはB5判というように、使い方に合わせた推奨サイズを示しています。印刷の際にサイズを調整することも可能ですので、お好みのサイズでお使いください。

校内行事・イベント・教室掲示・授業・賞状………
学校生活のあらゆる場面で使えるテンプレートが
合計288点!
全点フルカラー／モノクロ両方のデータを収録しています

ワードデータ
Ⓦのアイコンは、そのテンプレートにWordデータ（.doc）が収録されていることを示しています。データ内のテキストボックスに自分で入力することができるので、クラスの状況にあわせてお使い下さい。

文字を修正できます。

冬休み前に教室に掲示しましょう。

●PNG(.png)：背景が透明な状態で保存されているファイル形式です。ワードやエクセル、様々な画像処理ソフトで読み込むことができ、画像を切り抜いて使用したり、文字と組み合わせたりして使用するのに便利です。
●Word(.doc)：Microsoft社のワープロソフトです。各種文書の作成やはがきなどの宛名作成、案内状やはがきの作成などを行うことができます。また、イラストや図表などを配置することもできます。本書ではデータ上で使用する「時間割」や「座席表」などに使用しています。

CD-ROMの構成

本書付属のCD-ROMに収録されているデータは、以下のようなフォルダの構成になっています。

- ① 年間通して盛りだくさん! 季節の行事・イベント
  - 1 新年度
    - Color [1-1-1c〜1-1-7c]
    - Mono [1-1-1k〜1-1-7k]
  - 2 遠足
  - 3 運動会
  - 4 夏休みの生活
  - 5 夏休みの学習
  - 6 夏の行事
  - 7 防災・安全
  - 8 学芸会・音楽会
  - 9 秋の行事
  - 10 冬休み
  - 11 マラソン・なわとび大会
  - 12 冬の行事

- ② 毎日が楽しくなる! 掲示物・配付プリント
  - 1 時間割
    - Color [2-1-1c〜2-1-8c]
    - Mono [2-1-1k〜2-1-8k]
  - 2 座席表
  - 3 日直
  - 4 係・委員会
  - 5 掃除・給食
  - 6 めあて
  - 7 保護者向けおたより
  - 8 招待状
  - 9 誕生日
  - 10 ルール・マナー
  - 11 チェックシート

- ③ 授業で使える! 学習ワークシート
  - 1 国語
    - Color [3-1-1c〜3-1-7c]
    - Mono [3-1-1k〜3-1-7k]
  - 2 社会
  - 3 算数
  - 4 理科
  - 5 生活
  - 6 音楽
  - 7 図画工作
  - 8 外国語活動
  - 9 体育
  - 10 家庭

- ④ もらってうれしい! かわいい・かっこいい賞状
  - 1 表彰状・感謝状
    - Color [4-1-1c〜4-1-5c]
    - Mono [4-1-1k〜4-1-5k]
  - 2 努力賞
  - 3 運動会・学芸会
  - 4 メダル・記録認定証
  - 5 学習に関する賞
  - 6 生活に関する賞

- ⑤ おたよりが華やかに! メッセージカード・飾り罫
  - 1 休んだ子への連絡カード
    - Color [5-1-1c〜5-1-5c]
    - Mono [5-1-1k〜5-1-5k]
  - 2 メッセージカード
  - 3 便箋
  - 4 飾り罫
  - 5 飾り囲み

年間通して盛りだくさん！
季節の行事・イベント

① 年間通して盛りだくさん！　季節の行事・イベント

1 新年度

1-1-1 [推奨サイズ：B5]

1-1-2 [推奨サイズ：B5]

自己紹介カード
友達づくりのお役立ちツール！みんなのカードを並べて掲示するのもいいでしょう。

1-1-3 [推奨サイズ：B5]

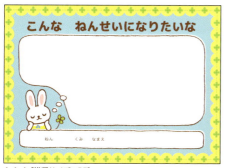
1-1-4 ［推奨サイズ：B5］

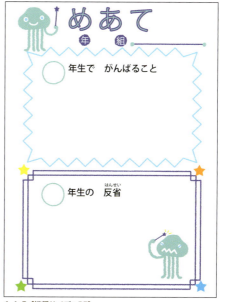
1-1-5 ［推奨サイズ：B5］

1-1-6 ［推奨サイズ：A3］

> **めあてカード**
> 個人用とクラス用があります。クラスのめあては目立つところに掲示しましょう。

1-1-7 ［推奨サイズ：A3］

1 季節の行事

1 年間通して盛りだくさん！ 季節の行事・イベント

2 遠足

1-2-1 ［推奨サイズ：B4］

イラスト

1-2-2

1-2-3

遠足で注意すること

- 集合時間には遅れずに行く。
- 移動中は、前の子に続いてまっすぐ並んで歩く。
- 押し合ったり、走ったり、ふざけたりしない。
- 先生の話をよく聞き、指示に従う。
- ゴミは捨てずに持ち帰る。
- 具合の悪いときは、すぐに先生に知らせる。

1-2-4 ［推奨サイズ：B5］ Ⓦ

1 季節の行事

しおりの使い方

左上の面が表紙になるように、4つ折りにして使ってください。

Wordデータを使ってアレンジしてみよう！

★文章を修正したり、追加したりすることができます。
★オプションのイラスト（1-2-2、1-2-3）にさしかえることができます。

① 年間通して盛りだくさん！ 季節の行事・イベント

3 運動会

1-3-1 ［推奨サイズ：A3］

1-3-2 ［推奨サイズ：B5］

運動会のポスター
文字を追加できます。

1-3-3 ［推奨サイズ：B4］

1-3-4 ［推奨サイズ：B5］

1-3-5 ［推奨サイズ：B5］

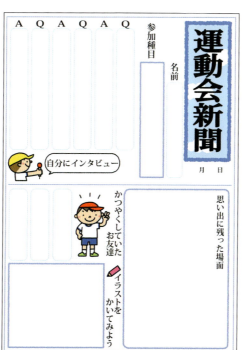

1-3-6 ［推奨サイズ：B4］

新聞づくりなら、楽しく運動会の振り返りができます。

1 季節の行事

① 年間通して盛りだくさん！　季節の行事・イベント

4 夏休みの生活

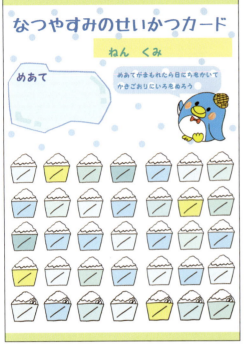

1-4-1 [推奨サイズ：B5]

1-4-2 [推奨サイズ：B5]

1-4-3 [推奨サイズ：B4]

1-4-4 [推奨サイズ：B5]

1 季節の行事

・早ね早起きを心がけて、規則正しい生活をしましょう。
・家の手伝いを進んでやりましょう。
・たくさん読書をしましょう。
・宿題は計画的に進め、最後にためこまないようにしましょう。
・出かけるときは家の人に知らせ、夕方 17 時までには帰りましょう。
・困ったことがあったら、学校に連絡しましょう。
　TEL：　−　−

1-4-5 ［推奨サイズ：B5］

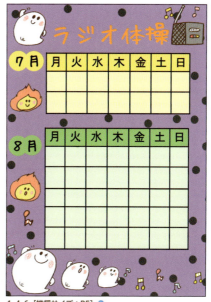

1-4-6 ［推奨サイズ：B5］

各マスの左上に日付が入力できます。

1-4-7 ［推奨サイズ：B4］

夏休み前に教室に掲示しましょう。

① 年間通して盛りだくさん！　季節の行事・イベント

5　夏休みの学習

1-5-1 ［推奨サイズ：B5］

色ぬりタイプの
チャレンジカードは
低学年にピッタリ！

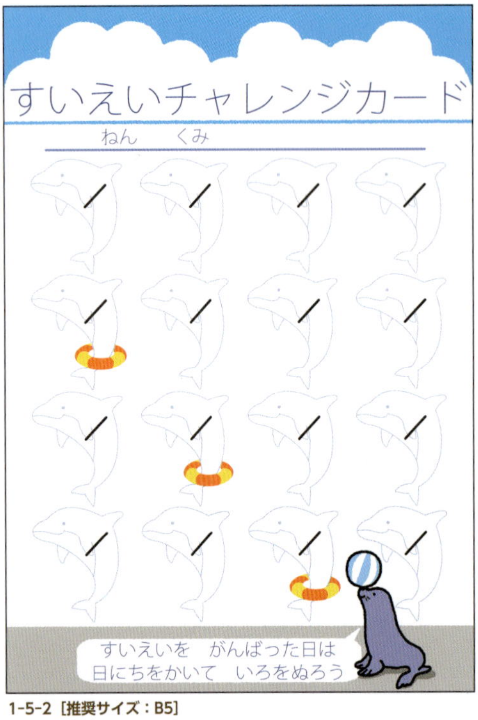

1-5-2 ［推奨サイズ：B5］

1-5-3 ［推奨サイズ：B5］

① 年間通して盛りだくさん！　季節の行事・イベント

6 夏の行事

1-6-1　[推奨サイズ：A3]

台紙
ここにみんなの
短冊を貼ります。

短冊
境目にそって切り取りましょう。

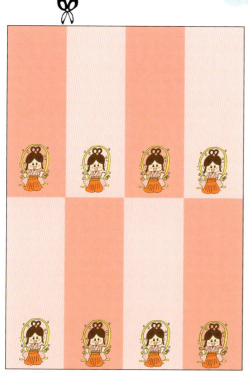
1-6-2 ［推奨サイズ：B5］

1-6-3 ［推奨サイズ：B5］

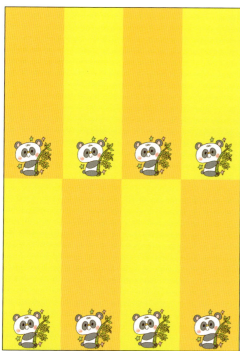
1-6-4 ［推奨サイズ：B5］

完成イメージ
教室に掲示してできあがり！

1 季節の行事

① 年間通して盛りだくさん！ 季節の行事・イベント

7 防災・安全

もし地しんがおきたら… 学校編

場所	どうすればいい？
教室	
ろうか かいだん	
トイレ	
理科室	
体育館	
運動場	
プール	

1-7-1 ［推奨サイズ：B5］

もし地しんがおきたら… 校外編

場所	どうすればいい？
家	
通学路	
お店	
電車・バス	

✐ 家の近くのひなん場所を調べておこう

✐ 家族とどうやって連らくをとりあうか考えてみよう

1-7-2 ［推奨サイズ：B5］

> 防災ワークシート
> いざというときのため、みんなで避難方法を確認しておきましょう。

ひなんのきまり
お さない
は しらない
し ゃべらない
も どらない

1-7-3 ［推奨サイズ：B4］

1-7-4 [推奨サイズ：B5]

1-7-5 [推奨サイズ：B4]

夏休み前に掲示するのも効果的！

1-7-6 [推奨サイズ：B4]

① 年間通して盛りだくさん！　季節の行事・イベント

8 学芸会・音楽会

学芸会ポスター
文字を追加できます。
＊おたより→ P.49
＊招待状→ P.50

1-8-1 ［推奨サイズ：A3］

1-8-2 ［推奨サイズ：B5］

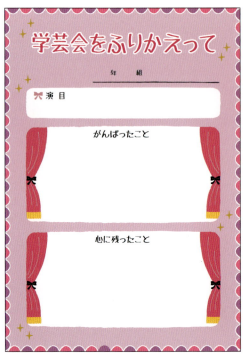

1-8-3 ［推奨サイズ：B5］

音楽会ポスター
文字を追加できます。
＊おたより→P.49
＊招待状→P.51

1 季節の行事

1-8-4 [推奨サイズ：A3]

1-8-5 [推奨サイズ：B5]

1-8-6 [推奨サイズ：B5]

① 年間通して盛りだくさん！　季節の行事・イベント

9 秋の行事

点線で切り取りましょう。

1-9-1　[推奨サイズ：B4]

ハロウィンマスクの遊び方
①点線で切り取って、目の部分をくり抜く。
②両端の穴をパンチであけて、輪ゴムを通す。
③顔に装着して遊ぶ。

点線で切り取りましょう。

1-9-3

1-9-2　[推奨サイズ：B4]

1-9-4 ［推奨サイズ：B5］

敬老の日
おじいさん、おばあさんに気持ちを伝えるためのメッセージカードです。

1-9-5 ［推奨サイズ：B5］

① 年間通して盛りだくさん！　季節の行事・イベント

10 冬休み

1-10-1 ［推奨サイズ：B5］

1-10-2 ［推奨サイズ：B5］

1-10-3 ［推奨サイズ：B5］

冬休みのめあて

1-10-4 ［推奨サイズ：B5］

冬休みの心得

・早ね早起きを心がけて、規則正しい生活をしましょう。
・家の手伝いを進んでやりましょう。
・たくさん読書をしましょう。
・宿題は計画的に進め、最後にためこまないようにしましょう。
・出かけるときは家の人に知らせ、夕方１６時までには帰りましょう。
・困ったことがあったら、学校に連絡しましょう。
　TEL：　　－　　－

1-10-5 ［推奨サイズ：B5］

文字を修正できます。

ルールをまもって楽しい冬休みにしよう

- 雪道ですべらないように気をつける
- かぜをひかないように心がける（手あらい・あたたかい服そうで・うがい）
- 知らない人にはついていかない
- 交通ルールをまもる

1-10-6 ［推奨サイズ：B4］

冬休み前に教室に掲示しましょう。

① 年間通して盛りだくさん！　季節の行事・イベント

11 マラソン・なわとび大会

1-11-1 [推奨サイズ：B5]

1-11-2 [推奨サイズ：B5]

楽しく色ぬりをしながら練習を続けることができます。

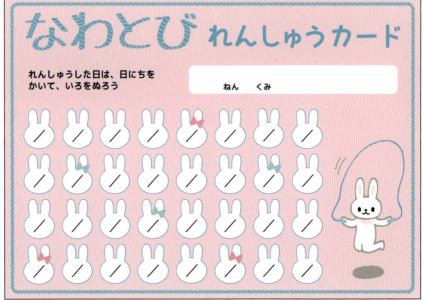

1-11-3 [推奨サイズ：B5]

1 季節の行事

なわとび練習カード

年 組

月日　がんばったこと

1-11-4 ［推奨サイズ：B5］

風邪や
インフルエンザ
予防のポスター
冬に限らず
使えます。

1-11-5 ［推奨サイズ：B4］

1-11-6 ［推奨サイズ：B4］

1 年間通して盛りだくさん！ 季節の行事・イベント

12 冬の行事

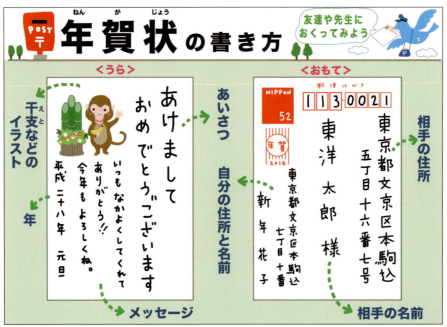

1-12-1 [推奨サイズ：B4]

> 年賀状の書き方のルールを学ぶことができます。

> 冬休みの調べ学習としてもピッタリ！日本の食文化を考えるきっかけに。

1-12-2 [推奨サイズ：B4]

原図　伝承料理研究家 奥村彪生氏

1-12-3 ［推奨サイズ：B5］

1-12-4 ［推奨サイズ：B5］

使用するデータを CD-ROM から見つけよう

ここでは、CD-ROM に収められているテンプレートの見つけ方を解説します。例として、P.46 の「②毎日が楽しくなる！ 掲示物・配付プリント」カラーの「めあて」テンプレート（2-6-1c.png）を見つけてみましょう。

CD-ROM を入れる

お使いのパソコンに、本書付属の CD-ROM を入れて下さい。CD-ROM が起動すると、右図のような画面が出てきますので、「フォルダーを開いてファイルを表示」をクリックして下さい。

STEP 2 「2」→「6」のフォルダを開く

CD-ROM のフォルダを開くと、各章ごとのフォルダの画面が出てきます。今回使用するのは2章なので、「2」のフォルダをダブルクリックします。

「2」のフォルダを開くと、次に2章の項目ごとのフォルダ画面が出てきます。探しているのは6の「めあて」ですので、「6」のフォルダをダブルクリックします。

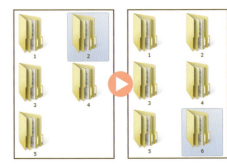

モノクロ／カラーを選ぶ

次に「color」と表示されたカラーバージョンのフォルダと「mono」と表示されたモノクロバージョンのフォルダが表示されます。今回使用するイラストはカラーですので、「color」のフォルダをダブルクリックします。

STEP 4 目的のデータを探す

「color」のフォルダを開くと、本書PP.26～27のデータが出てきます。使用するデータ名は「2-6-1c.png」と表示されていますので、そのテンプレートデータを選びましょう。

※上記操作画面は windows7 使用時のものです。

2-6-1c.png

毎日が楽しくなる！
掲示物・配付プリント

② 毎日が楽しくなる！　掲示物・配付プリント

1 時間割

	げつ	か	すい	もく	きん	ど
1						
2						
3						
4						
5						

2-1-1 ［推奨サイズ：B4］Ⓦ

モノクロページのテンプレートもCD内にはカラー／モノクロ両方収録されています。

各マスに文字が入力できます。
そのままプリントアウトして、
手書きで文字を加えてもOK！

時間割

	月	火	水	木	金	土
1						
2						
3						
4						
5						
6						

2-1-2 ［推奨サイズ：B4］ Ⓦ

2 掲示物・配付プリント

❷ 毎日が楽しくなる！　掲示物・配付プリント

2-1-3 ［推奨サイズ：B4］

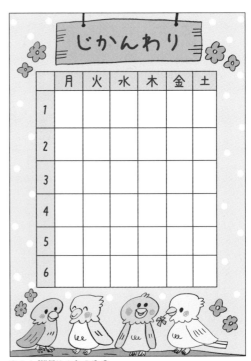

2-1-4 ［推奨サイズ：B4］

2-2-2とあわせて
使うと統一感アップ！

2-1-5 ［推奨サイズ：B4］

2-1-6 ［推奨サイズ：B4］

2-1-7 ［推奨サイズ：B4］

2-2-3 とあわせて
使うと統一感アップ！

2-2-4 とあわせて
使うと統一感アップ！

2-1-8 ［推奨サイズ：B4］

2 座席表

各マスに名前が入力できます。そのままプリントアウトして、手書きで加えてもOK！

2-1-4とあわせて使うと統一感アップ！

2-2-2 ［推奨サイズ：B4］

2-1-6とあわせて使うと統一感アップ！

2-1-7とあわせて使うと統一感アップ！

2-2-3 ［推奨サイズ：B4］

2-2-4 ［推奨サイズ：B4］

② 毎日が楽しくなる！　掲示物・配付プリント

3 日直

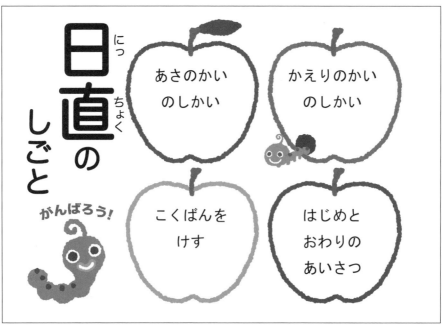

2-3-1 ［推奨サイズ：B4］

2-3-2 ［推奨サイズ：B4］

文字を修正できます。
目立つところに掲示しましょう。

①きりつ。
　これから朝の会をはじめます。
　おはようございます。　ちゃくせき
②きょうは　　月　　日　よう日です。
③きょうの日直は　　　　　です。
　よろしくおねがいします。
④先生のおはなしをききましょう
⑤これで朝の会をおわります。
　きょうも一日がんばりましょう。

①きりつ。
　これから帰りの会をはじめます。
　れい。　ちゃくせき。
②きょう気になったことがある人は
　はっぴょうしてください。
③先生のおはなしをききましょう。
④これで帰りの会をおわります。
　気をつけていえに帰りましょう。

> クラスの状況に合わせて、文面をアレンジしてください。

② 毎日が楽しくなる！ 掲示物・配付プリント

4 係・委員会

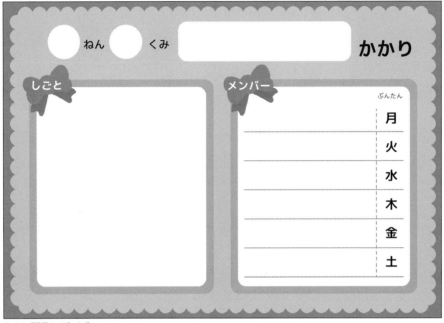

2-4-1 ［推奨サイズ：A4］

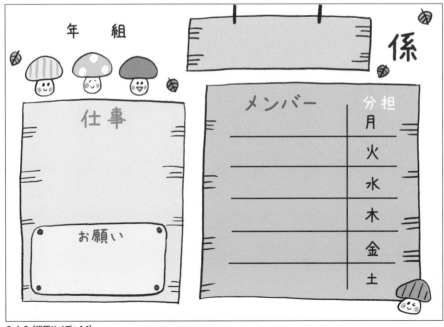

2-4-2 ［推奨サイズ：A4］

係・委員会紹介カード

メンバーや仕事内容を確認できます。教室に掲示しましょう。

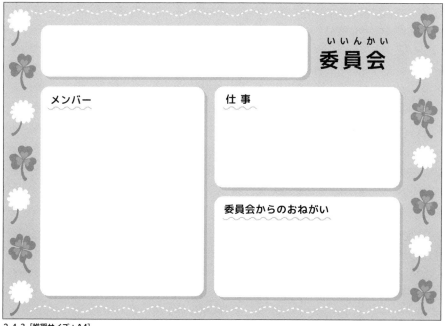

2-4-3 ［推奨サイズ：A4］

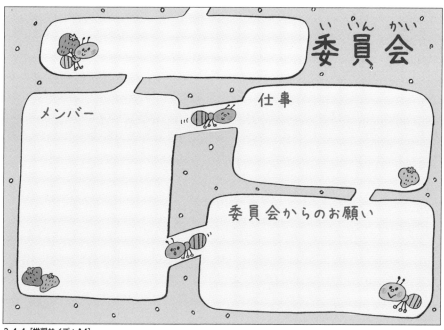

2-4-4 ［推奨サイズ：A4］

② 毎日が楽しくなる！ 掲示物・配付プリント

5 掃除・給食

6マス用

2-5-1 ［推奨サイズ：B4］
2-5-2 ［推奨サイズ：B5］

7マス用

2-5-3 ［推奨サイズ：B4］
2-5-4 ［推奨サイズ：B5］

8マス用

2-5-5 ［推奨サイズ：B4］
2-5-6 ［推奨サイズ：B5］

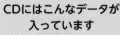

CDにはこんなデータが入っています

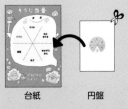

台紙　　円盤

円盤を切り取って、台紙の中心に画びょうでとめましょう。
※円盤がまわるように調整してください。

そうじの心得

1. おしゃべりしないでテキパキうごく
2. みんなで　きょうりょくする
3. 心をこめて　ピカピカに！
4. どうぐも　たいせつにつかう

2-5-7 ［推奨サイズ：B4］

掃除当番表のつくりと同じです。
台紙の文字は修正できます。

6マス用

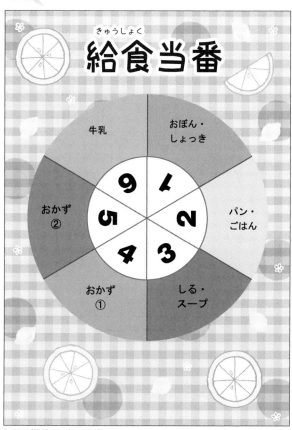

2-5-8 ［推奨サイズ：B4］Ⓦ
2-5-9 ［推奨サイズ：B5］

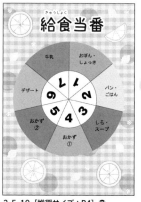

7マス用

2-5-10 ［推奨サイズ：B4］Ⓦ
2-5-11 ［推奨サイズ：B5］

8マス用

2-5-12 ［推奨サイズ：B4］Ⓦ
2-5-13 ［推奨サイズ：B5］

クラスの状況に応じて、マス目の数を選んでください。

2-5-14 ［推奨サイズ：B4］

② 毎日が楽しくなる！ 掲示物・配付プリント

6 めあて

1学期

2-6-1 ［推奨サイズ：B5］

2-6-2 ［推奨サイズ：B5］

2学期

2-6-3 ［推奨サイズ：B5］

学期初めに使う めあてカード
年間通しためあてカードは、P.9 をお使いください。

2学期

2-6-4 [推奨サイズ：B5]

3学期

2-6-5 [推奨サイズ：B5]

2-6-6 [推奨サイズ：B5]

② 毎日が楽しくなる！ 掲示物・配付プリント

7 保護者向けおたより

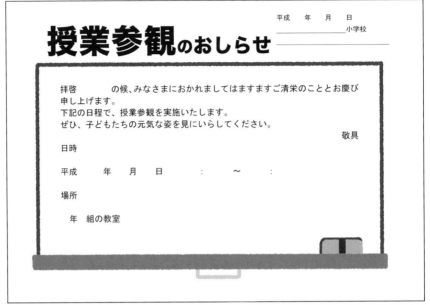

文面は自由にアレンジしてお使いください。

2-7-1 [推奨サイズ：B5] Ⓦ

2-7-2 [推奨サイズ：B5] Ⓦ

2-7-3 [推奨サイズ：B5] Ⓦ

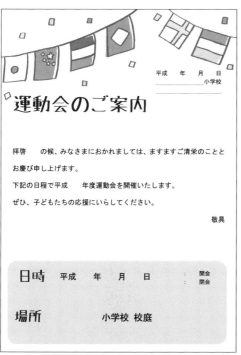

2-7-4 [推奨サイズ：B5]

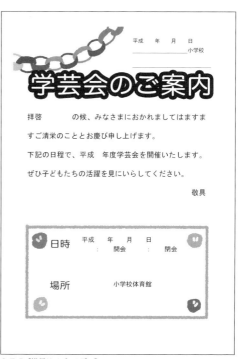

2-7-5 [推奨サイズ：B5]

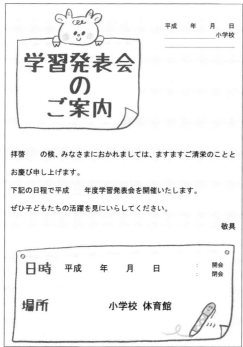

2-7-6 [推奨サイズ：B5]

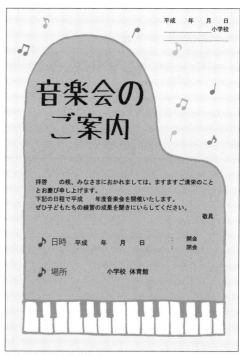

2-7-7 [推奨サイズ：B5]

② 毎日が楽しくなる！　掲示物・配付プリント

8 招待状

2-8-1 ［推奨サイズ：B5］

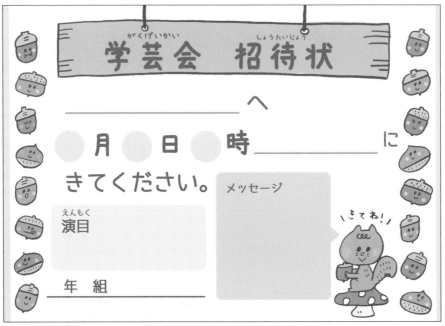

2-8-2 ［推奨サイズ：B5］

校内行事の招待状
家族や近所の方を招待するときに使います。

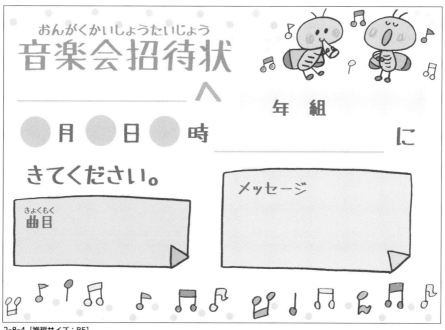

2-8-3 ［推奨サイズ：B5］

2-8-4 ［推奨サイズ：B5］

9 誕生日

2-9-1 [推奨サイズ：B4]

2-9-2 [推奨サイズ：B4]

2-9-3 [推奨サイズ：B4]

2-9-4 [推奨サイズ：B4]

誕生日の掲示物

P.55の名札を貼り付けて、教室に掲示しましょう。

2-9-5［推奨サイズ：B4］

2-9-6［推奨サイズ：B4］

2-9-7［推奨サイズ：B4］

2-9-8［推奨サイズ：B4］

② 毎日が楽しくなる！　掲示物・配付プリント

2-9-9 ［推奨サイズ：B4］

2-9-10 ［推奨サイズ：B4］

2-9-11 ［推奨サイズ：B4］

2-9-12 ［推奨サイズ：B4］

2-9-13 ［推奨サイズ：A4］

2-9-14 ［推奨サイズ：A4］

名札
名前を書いて、各月の台紙に貼りましょう。

2-9-15 ［推奨サイズ：A4］　2-9-16 ［推奨サイズ：A4］

CDには こんなデータが 入っているので、切り取って 使ってください。

誕生日カード

2-9-17 ［推奨サイズ：B5］

2-9-18 ［推奨サイズ：B5］

② 毎日が楽しくなる！ 掲示物・配付プリント

10 ルール・マナー

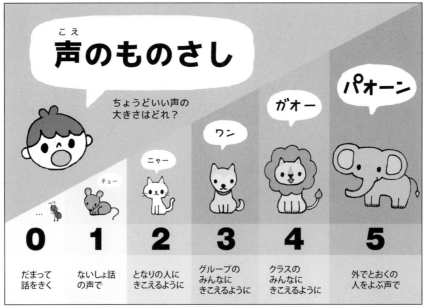

2-10-1 ［推奨サイズ：B4］

2-10-2 ［推奨サイズ：B4］

2-10-3 ［推奨サイズ：B4］

みんなで守りたいルールやマナーを
よびかけるポスターです。
教室に掲示しておきましょう。

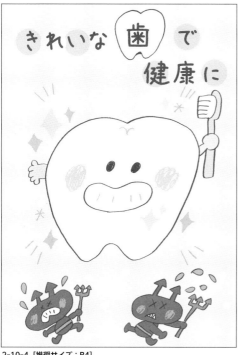

2-10-4 [推奨サイズ：B4]

2-10-5 [推奨サイズ：B4]

2-10-6 [推奨サイズ：B4]

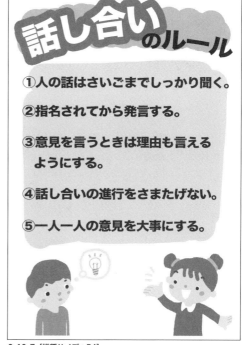

2-10-7 [推奨サイズ：B4]

11 チェックシート

生活チェックシート

できたら　○をつけよう

ねん　くみ

	かおを あらう	あさごはんを たべる	はを みがく	トイレ にいく	おうちの ひとの サイン
／（月）					
／（火）					
／（水）					
／（木）					
／（金）					
／（土）					

2-11-1［推奨サイズ：B5］

生活チェックシート

できたら
○をつけよう

年　組

	： までに ねる	： までに おきる	顔を あらう	朝ごはん を食べる	歯を みがく	トイレ に行く	ハンカチ ティッシュ をもつ
／（月）							
／（火）							
／（水）							
／（木）							
／（金）							
／（土）							

2-11-2［推奨サイズ：B5］

わすれものチェックシート

ねん　くみ

わすれないで！

に月、○に日を入れよう！

もっていくもの

- □ ハンカチ
- □ ティッシュ
- □ ふでばこ
- □ おはし
- □ 体そうふく
- □
- □

月
わすれもののなかった日は
すきな色でぬろう！

月	火	水	木	金	土

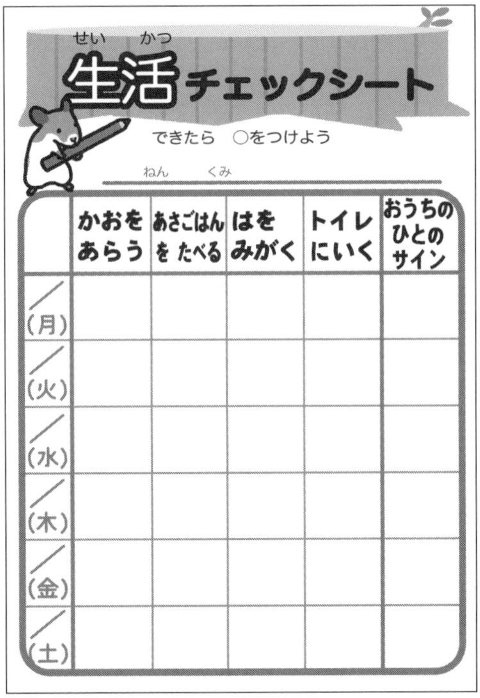

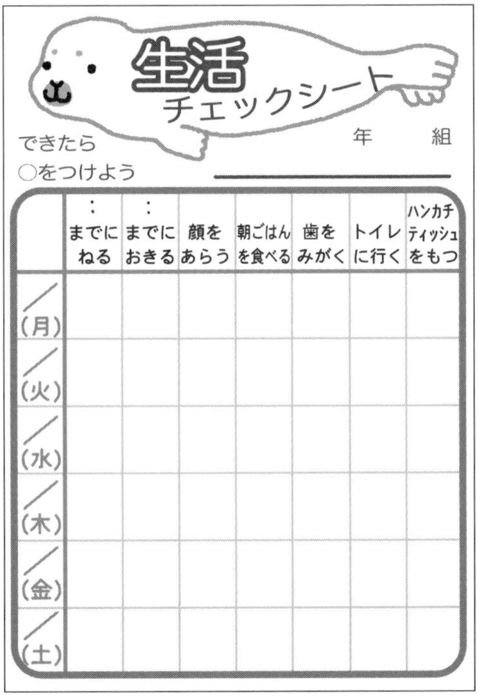

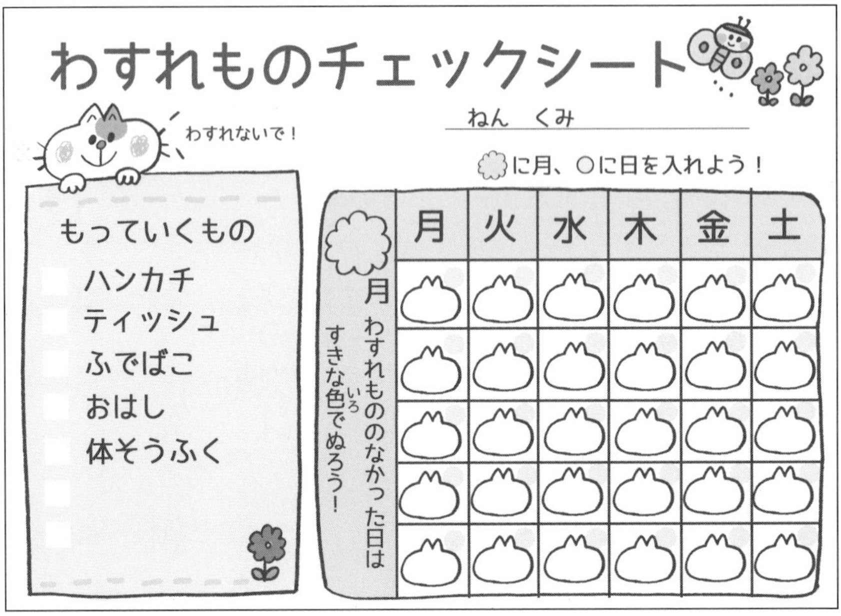

2-11-3［推奨サイズ：B5］

低学年には色ぬり
タイプがおすすめ

2-11-4 ［推奨サイズ：B5］

2-11-5 ［推奨サイズ：B5］

2-11-6 ［推奨サイズ：B5］

CD-ROMのWordデータを編集して使ってみよう

座席表や時間割など、文章を加筆・修正できると便利なものには、Word形式のデータを収めています。ぜひ活用して、内容や日程にあわせてアレンジして使ってみましょう。ここでは、P.38の座席表テンプレート（2-2-3c.doc）を例に見ていきます。

 データを開く

まず、データを開きましょう。「2」→「2」→「word color」の順番でフォルダを選択し、「2-2-3c.doc」のデータを見つけたら、フォルダを開きましょう。

テキストボックスを選択する

本書では、文字を入力する場所にテキストボックスがおかれています。「テキスト」と書いてありますので、その部分をクリックしましょう。右の画面のように、テキストボックスの枠線が選択されます。

文字を入力する

テキストボックスを選択したら、その中に文章を入力していきましょう。ここでは座席表に、クラスの子どもたちの名前を入力していきます。

 文字サイズやフォントを調整する

文字の分量などを見ながら、必要に応じて文字サイズやフォントを調整していきましょう。
さらにアレンジしたい場合は、P.82のワンポイントアドバイス③を参考にしてください。

③

授業で使える！
学習ワークシート

③ 授業で使える！　学習ワークシート

 # 国語

読書カードはクラスに応じて
使い分けてください。
読書習慣が身につくこと間違いなし！

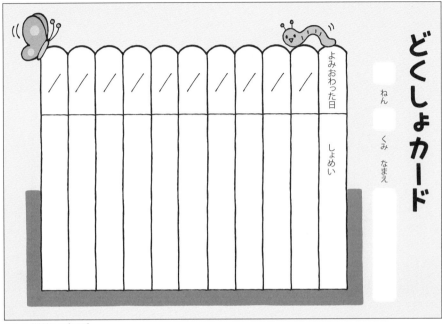

3-1-1 ［推奨サイズ：B5］

3-1-2 ［推奨サイズ：B5］

3-1-3 ［推奨サイズ：B5］

おすすめの本をしょうかいしよう

ねん　くみ　なまえ

タイトル

さくしゃ

あらすじ

おすすめのポイント

3-1-4 ［推奨サイズ：B5］

好きな本のすいせん文を書こう

年　組　名前

タイトル

さくしゃ

あらすじ

すいせん文

よんでみて！

3-1-5 ［推奨サイズ：B5］

おんどくカード

___ねん ___くみ _____

よんだら、おうちのひとに☑をつけてもらいましょう

がつ にち	さくひん	げんきによめた (◎、○、△)	おうちのひとから
			☐
			☐
			☐
			☐
			☐
			☐
			☐
			☐
			☐
			☐
			☐
			☐
			☐

3-1-6 ［推奨サイズ：B5］

音読カード

上手に音読できるようがんばって！

___年___組_____

月	日	作品	おうちの人から（◎、○、△）		
			元気に読んでいる	気もちをこめている	ききやすいスピードだ

3-1-7 ［推奨サイズ：B5］

3　学習ワークシート

③ 授業で使える！ 学習ワークシート

2 社会

自分たちの町の伝統や文化をしょう介しよう

＿年＿組＿＿＿＿＿

しらべたもの ＿＿＿＿＿

＿＿＿＿＿について説明しよう

どんな思いや願いがこめられているのだろう

3-2-1 ［推奨サイズ：B5］

> 見学前から振り返り
> までをまとめることが
> できます。

社会科見学カード

＿年＿組＿＿＿＿＿

見学先 ＿＿＿＿＿

予想 ＿＿＿＿＿

聞いたり見たりしたいこと

＊ 聞いてわかったこと

＊ 見て気づいたこと

見学をふりかえって○をつけよう
★ しずかに見学できた　　　　　　　　　A B C
★ れん習通り質問することができた　　　A B C
★ 予想にもとづいて聞いたり見たりすることができた　A B C

3-2-2 ［推奨サイズ：B5］

［　　　　　］を取材しよう

＿年＿組＿＿＿＿＿
＿月＿日

知りたいこと

インタビューしたいこと

取材メモ

3-2-3 ［推奨サイズ：B5］

歴史の調べ学習に
おすすめ。

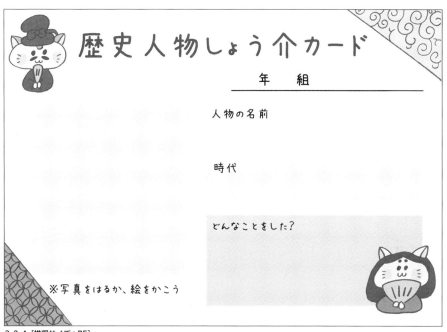

3-2-4 [推奨サイズ：B5]

3-2-5 [推奨サイズ：B4]

③ 授業で使える！ 学習ワークシート

3 算数

九九にチャレンジ！

___ねん___くみ
なまえ_____

九九を見ないで言えるようになるまでれんしゅうしよう。
正しく言えたら、きいてくれた友だちになまえをかいてもらおうね。

	1のだん	2のだん	3のだん	4のだん	5のだん	6のだん	7のだん	8のだん	9のだん
1かい目									
2かい目									
3かい目									
4かい目									
5かい目									

にがてなだん、とくいなだんはあるかな？

3-3-1 [推奨サイズ：B5]

いま、何時何分？

___ねん___くみ
なまえ_____

時間をきめて、そのとおりにとけいのはりを書き入れよう

(時 分)　(時 分)　(時 分)
(時 分)　(時 分)　(時 分)

3-3-2 [推奨サイズ：B5]

九九や時計の学習は低学年が楽しく取り組めるワークシートを！

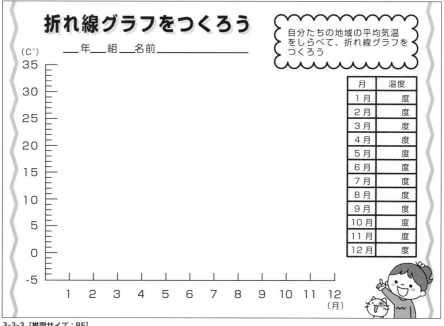

3-3-3 [推奨サイズ：B5]

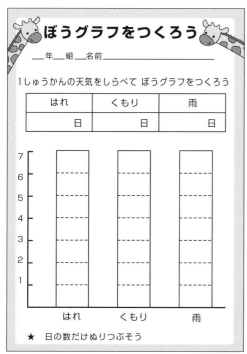

3-3-4 [推奨サイズ：B5]

3-3-5 [推奨サイズ：B5]

③ 授業で使える！　学習ワークシート

4 理科

スケッチのスペースは広くとっています。じっくり観察させましょう！

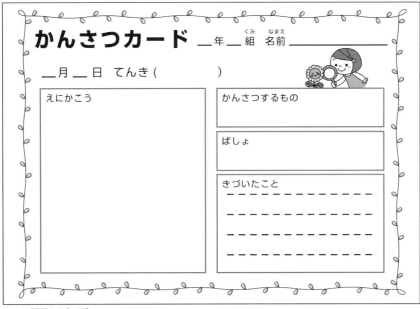

3-4-1 ［推奨サイズ：B5］

3-4-2 ［推奨サイズ：B5］

3-4-3 ［推奨サイズ：B5］

3-4-4 [推奨サイズ：B5]

__月__日　　__年__組
天気（　）気温＿＿＿＿

いろいろなたねをかんさつしよう

スケッチ

＿＿＿＿のたね
気づいたこと

スケッチ

＿＿＿＿のたね
気づいたこと

たねを仲間分けしよう。またその理由も書こう

たねのこれからのせいちょうを予そうしよう

3-4-5 [推奨サイズ：B5]

観察カード

__月__日　　__年__組
天気（　）気温＿＿＿＿　名前＿＿＿＿

学習課題

予想

スケッチ

結果

考察

3-4-6 [推奨サイズ：B5]

じっけんカード

年　組　名前

もんだい

よそう

じっけん

けっか

わかったこと

3-4-7 [推奨サイズ：B5]

実験カード

__年__組　名前＿＿＿＿

学習問題

予想

実験

気をつけること

結果

考察

5 生活

調べ学習、体験学習で使えます。

いえのしごと しらべカード
___ねん ___くみ なまえ _____

しらべたしごと		しらべたしごと	
やっている人		やっている人	
そのときのきもち		そのときのきもち	
きづいたこと		きづいたこと	

3-5-1 [推奨サイズ：B5]

がっこうたんけんカード
___ねん ___くみ なまえ _____

たのしかったことをしょうかいしよう

ばしょ

りゆうを ぶんや、えで せつめいしよう

3-5-2 [推奨サイズ：B5]

インタビューカード
___ねん ___くみ

インタビューする人

ききたいこと

○ どんなことをしている？

○ くふうしていることは？

3-5-3 [推奨サイズ：B5]

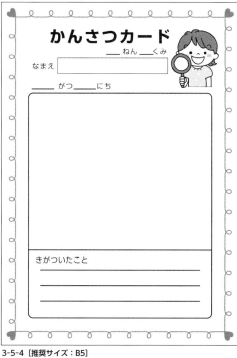

3-5-4 [推奨サイズ：B5]

3-5-5 [推奨サイズ：B5]

3-5-6 [推奨サイズ：B5]

3-5-7 [推奨サイズ：B5]

③ 授業で使える！ 学習ワークシート

6 音楽

いろいろな種類の鑑賞カード。
状況に応じて使い分けてください。

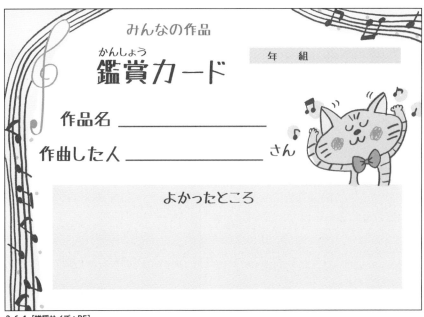

3-6-1 [推奨サイズ：B5]

3-6-2 [推奨サイズ：B5]

3-6-3 [推奨サイズ：B5]

> 五線譜付きの
> ワークシートは
> 創作に使えます。

♪ 作品鑑賞カード

＿年＿組＿＿＿＿＿＿

曲名＿＿＿＿＿＿＿＿

作曲者＿＿＿＿＿＿＿

曲をきいて、思い浮かんだイメージを絵にしよう

・絵にした部分
・どんなイメージ？

3-6-4 ［推奨サイズ：B5］

テーマをもとに曲をつくってみよう

＿年＿組＿＿＿＿＿＿

テーマ＿＿＿＿＿＿＿

作品名 ［　　　　　］

くふうしたところ

3-6-5 ［推奨サイズ：B5］

五線譜（ごせんふ）

＿年＿組＿＿＿＿＿＿

作品名

この曲のききどころ

3-6-6 ［推奨サイズ：B5］

曲をつくろう

＿年＿組＿＿＿＿＿＿

作品名＿＿＿＿＿＿＿

くふうしたところ

3-6-7 ［推奨サイズ：B5］

③ 授業で使える！ 学習ワークシート

7 図画工作

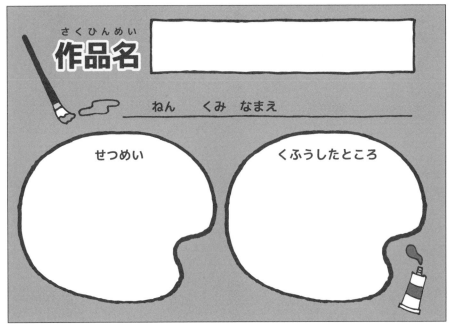

3-7-1 ［推奨サイズ：B5］

3-7-2 ［推奨サイズ：B5］

自分の作品に添える解説カードです。

いろいろな鑑賞カード。
状況に応じて
使い分けてください。

鑑賞ランキングカード

___年___組_____

一番「すごい！」と思った作品は？
作品名_____　作者_____さん
りゆう

一番「おもしろい！」と思った作品は？
作品名_____　作者_____さん
りゆう

一番「自分もまねしたい！」と思った作品は？
作品名_____　作者_____さん
りゆう

3-7-3 [推奨サイズ：B5]

おともだちの作品をみて かんじたことをかこう

___ねん ___くみ
_____

さくしゃ_____さん
作品めい

● さくひんのとくちょう

● いいなとおもったところ

3-7-4 [推奨サイズ：B5]

作品鑑賞カード

年　組

作品名
作者

✏ どんな点が気になりましたか？

文章や絵で
説明しよう

3-7-5 [推奨サイズ：B5]

③ 授業で使える！　学習ワークシート

8 外国語活動

あなたの誕生日はいつ？ Name _____

| 1月 | 2月 | 3月 | 4月 | 5月 | 6月 |
| January | February | March | April | May | June |

| 7月 | 8月 | 9月 | 10月 | 11月 | 12月 |
| July | August | September | October | November | December |

When is your Birthday ?

My Birthday is _____ _____ .

3-8-1 [推奨サイズ：B5]

> 友達に生活の時刻を質問するときに使います。

Happy Birthday
to _____　from _____

Happy Birthday
to _____　from _____

3-8-2 [推奨サイズ：B5]

生活カード
Name _____

Name			
get up	:	:	:
break fast	:	:	:
go to bed	:	:	:

3-8-3 [推奨サイズ：B5]

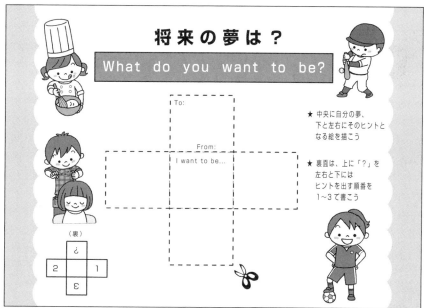

3 授業で使える！ 学習ワークシート

9 体育

> ダンスの発表会で使えるカードです。

ダンス発表カード

＿＿年＿＿組　名前＿＿＿＿＿＿＿＿　＿＿月＿＿日

- グループメンバー
- みてほしい動き
- 工夫したところ

3-9-1 [推奨サイズ：B5]

ダンス鑑賞カード（かんしょう）

＿＿年＿＿組　名前＿＿＿＿＿＿＿＿　＿＿月＿＿日

みんなのダンスのいいところをまとめよう！

グループ	よかったところ（工夫、協力、まねしたい）

3-9-2 [推奨サイズ：B5]

水あそびカード

___ねん ___くみ

◎よくできた　○てきた　△もうすこし

	ひにち	げんきに あそべた	くふうして あそべた	できるようになった ことを○てかこもう
1かいめ	/			シャワー　目をあける　水の中をはしる　もぐる　水にかおをつける
2かいめ	/			シャワー　目をあける　水の中をはしる　もぐる　水にかおをつける
3かいめ	/			シャワー　目をあける　水の中をはしる　もぐる　水にかおをつける
4かいめ	/			シャワー　目をあける　水の中をはしる　もぐる　水にかおをつける
5かいめ	/			シャワー　目をあける　水の中をはしる　もぐる　水にかおをつける
6かいめ	/			シャワー　目をあける　水の中をはしる　もぐる　水にかおをつける
7かいめ	/			シャワー　目をあける　水の中をはしる　もぐる　水にかおをつける
8かいめ	/			シャワー　目をあける　水の中をはしる　もぐる　水にかおをつける
9かいめ	/			シャワー　目をあける　水の中をはしる　もぐる　水にかおをつける
10かいめ	/			シャワー　目をあける　水の中をはしる　もぐる　水にかおをつける

3-9-3 [推奨サイズ：B5]

健康チェックカード

___年___組 _____

◎よくできた　○てきた　△もうすこし

	/(月)	/(火)	/(水)	/(木)	/(金)
きのうのねた時刻	:	:	:	:	:
朝おきた時刻	:	:	:	:	:
朝ごはん					
朝の歯みがき					
うんち					
給食（お昼ごはん）					
外遊び					
夕ごはん					
おふろ					

感想

おうちから	先生から

3-9-4 [推奨サイズ：B5]

作せんカード

年　組

●月　●日

今日の作せん

作せんのための練習メニュー

結果

1	→	よかったこと、次にがんばりたいこと
2	→	よかったこと、次にがんばりたいこと
3	→	よかったこと、次にがんばりたいこと
4	→	よかったこと、次にがんばりたいこと
5	→	よかったこと、次にがんばりたいこと

3-9-5 [推奨サイズ：B5]

とび箱運動学習カード

___年___組 _____

今日の学習を ふりかえろう

1 (/)	楽しく運動ができた		————
	友だちとはげましあって運動できた		————
	めあてに気をつけて運動できた		————
2 (/)	楽しく運動ができた		————
	友だちとはげましあって運動できた		————
	めあてに気をつけて運動できた		————
3 (/)	楽しく運動ができた		————
	友だちとはげましあって運動できた		————
	めあてに気をつけて運動できた		————
4 (/)	楽しく運動ができた		————
	友だちとはげましあって運動できた		————
	めあてに気をつけて運動できた		————
5 (/)	楽しく運動ができた		————
	友だちとはげましあって運動できた		————
	めあてに気をつけて運動できた		————

◎よくできた　○てきた　△もうすこし

3-9-6 [推奨サイズ：B5]

3 授業で使える！　学習ワークシート

10 家庭

調理実習カードは2種類。状況に応じて使い分けてください。

調理実習カード

＿＿年＿＿組　名前＿＿＿＿＿＿＿＿

料理名！

材料！

工夫したこと

食べた感想

チェック！
□ 三角巾
□ マスク
□ エプロン

3-10-1 [推奨サイズ：B5]

調理実習カード

＿＿年＿＿組＿＿＿＿＿＿＿＿

料理名：				／
つくっている時	◎、○、△	つくった後	◎、○、△	
エプロン、マスク、三角巾をつけた		残さず食べることができた		
手順を考えて調理した		ゴミをきちんと分別できた		
水の使い方は適切だった		食器をきちんと洗うことができた		
分量を正しく計って調理した		協力して片づけることができた		

作った・食べた感想

がんばったこと・反省点

3-10-2 [推奨サイズ：A4]

お手伝いなど、家での過ごし方を振り返るためのカードです。

家のお手伝いにチャレンジ

＿年＿組　名前＿＿＿＿＿＿＿＿＿＿＿＿

	日付		やったこと	おうちの人から		
例	○月	○日	お風呂そうじ、皿あらい、犬のさんぽ	◎	○	△
	月	日		◎	○	△
	月	日		◎	○	△
	月	日		◎	○	△
	月	日		◎	○	△
	月	日		◎	○	△
	月	日		◎	○	△
	月	日		◎	○	△
	月	日		◎	○	△
	月	日		◎	○	△
	月	日		◎	○	△

◎とてもよくできた　　○できた　　△もう少しがんばろう

感想

家の人から一言

3-10-3 ［推奨サイズ：B5］

3 学習ワークシート

一日の生活をふり返ってみよう

＿年＿組＿＿＿＿＿＿＿＿＿＿

★＿月＿日の、家での生活やお手伝いしたことをまとめましょう。

時　刻	6時	7時	8時	4時	5時	6時	7時	8～9時	10時
すいみん、朝ごはん、風呂そうじなど									

 家のお手伝いをした時刻は色をぬりましょう

一日をふり返って気づいたこと、これからがんばりたいことを書きましょう

3-10-4 ［推奨サイズ：A4］

Wordデータをさらにアレンジして もっとかわいらしく

Wordデータを編集して使うとき、テンプレートのフォントを変えたり、イラストを足したりして、さらにアレンジして使うことができます。
ここでは、P.15の「夏休みの心得」（1-4-5c.doc）を例に、いくつかのアレンジをしてみましょう。

 フォントでアレンジ

　フォントを変えるだけで、文章の雰囲気はがらりと変わります。
　テンプレートのデザインやご自分の好みに合わせて、フォントを様々に使い分けてみましょう。
　パソコン内蔵のものだけでなく、かわいいフォントを購入したり、フリーフォントをインストールしたりすれば、様々にアレンジができます。

明朝体で
しっかりした雰囲気に

手書き風フォントで
やわらかな雰囲気に

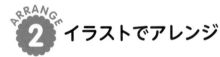 **イラストでアレンジ**

　本書のテンプレートは、すべてこのまま使用できますが、さらに飾りを加えてアレンジすることもできます。
　テンプレートに市販のイラスト素材を組み合わせることで、そのままでもかわいいテンプレートを、さらに自分好みにすることもできます。クラスの子どもたちが「かわいい！」「おしゃれ！」と言ってくれるようなデザインに、ぜひ挑戦してみてください。

※このアレンジ例で組み合わせたイラストは、『かわいい！使える！小学校イラスト＆テンプレートCD-ROM』（東洋館出版社）に収められています。

もらってうれしい!
かわいい・かっこいい賞状

1 表彰状・感謝状

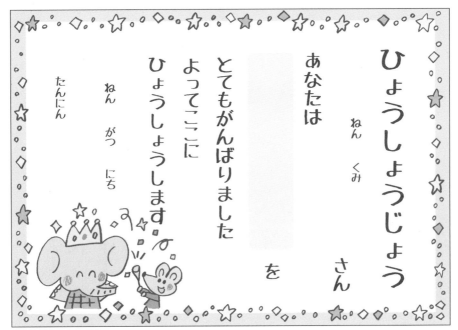

4-1-1 [推奨サイズ：B5]

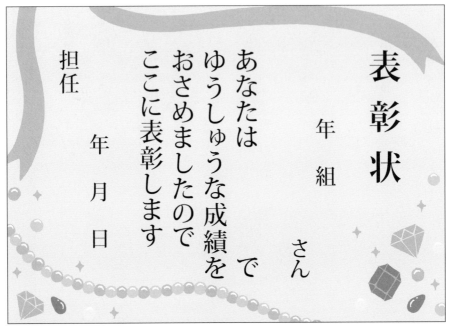

4-1-2 [推奨サイズ：B5]

がんばった子には、かわいい賞状のごほうびを！

賞状

あなたは すばらしい成績を おさめました よってこれを賞します

年 組 さん で

担任

年 月 日

4-1-3 [推奨サイズ：B5]

かんしゃじょう

ねん くみ ＿＿＿＿ さん

あなたはみんなのために ＿＿ をしました どうもありがとう！

ねん がつ にち
たんにん

4-1-4 [推奨サイズ：B5]

感謝状

＿年 ＿組
＿＿＿＿ さん

Thank you

あなたは みんなのために ＿＿＿＿ をしました どうもありがとう！

年 月 日
担任

4-1-5 [推奨サイズ：B5]

④ もらってうれしい！　かわいい・かっこいい賞状

② 努力賞

がんばったで賞

ねん　くみ ＿＿＿＿＿＿＿ さん

あなたは ＿＿＿＿＿＿＿ を
よくがんばりました
よってこれを賞します

ねん　がつ　にち　たんにん ＿＿＿＿＿＿＿

4-2-1 ［推奨サイズ：B5］

がんばったで賞

ねん　くみ ＿＿＿＿＿＿＿ さん

あなたは ＿＿＿＿＿＿＿ に
いっしょうけんめいとりくみました
よってこれを賞します

これからも
がんばってね

ねん　がつ　にち　たんにん ＿＿＿＿＿＿＿

4-2-2 ［推奨サイズ：B5］

低学年は"がんばったで賞"、高学年には"努力賞"というように使い分けるのがおすすめです。

努力賞

あなた　年組　さん　を

最後まであきらめずに
やりとげました
その努力をたたえます

よくがんばりました

担任

年　月　日

4-2-3 ［推奨サイズ：B5］

努力賞

年　組　_____さん

あなたは_____を
よくがんばりました
よってその努力をたたえ
これを賞します

年　月　日

担任_____

4-2-4 ［推奨サイズ：B5］

3 運動会・学芸会

運動会

4-3-1 ［推奨サイズ：B5］

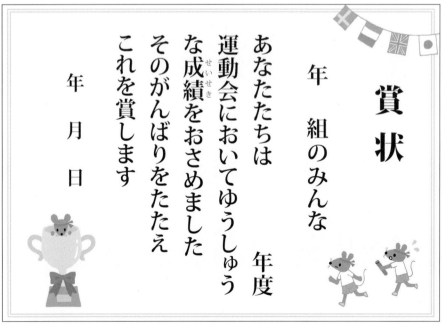

4-3-2 ［推奨サイズ：B5］

学芸会

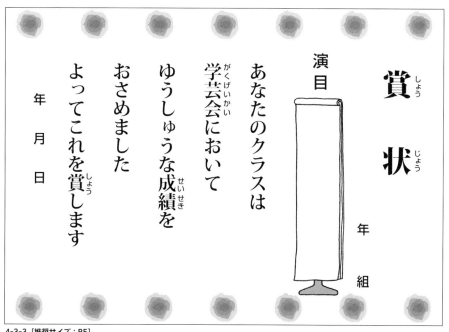

4-3-3 ［推奨サイズ：B5］

音楽会

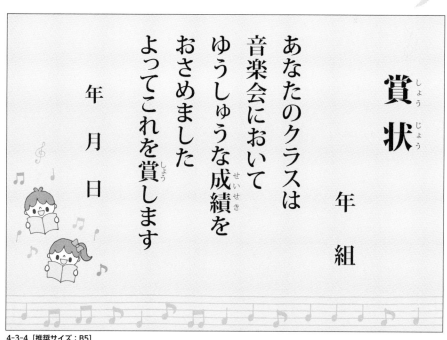

4-3-4 ［推奨サイズ：B5］

④ メダル・記録認定証

おもて

リボンをはさんで、おもてとうらを貼り合わせれば、メダルの完成！

うら

4-4-1 [推奨サイズ：B5]

おもて　　おもて

うら　　うら

4-4-2 [推奨サイズ：B5]　　4-4-3 [推奨サイズ：B5]

4-4-4 [推奨サイズ：B5]

きろく証

ねん　くみ　　　　　　さん

しゅもく _____

きろく _____

あなたは _____ において
上記のきろくをおさめましたので
ここに証します

　　　　　　ねん　がつ　にち

4-4-5 [推奨サイズ：B5]

記録証

年　組 _____ さん

種目 _____
記録 _____

あなたは _____ において
上記の記録をおさめましたので
ここに証します

　　　　　　　年　月　日

4-4-6 [推奨サイズ：B5]

にんてい証

ねん　くみ _____ さん

あなたは _____ を
よくがんばりましたので
　　　　　　に
にんていします

　　　　　ねん　がつ　にち

4-4-7 [推奨サイズ：B5]

認定証

　　　　　　　　　級

年　組 _____ さん

あなたは _____ で
上記の級に認定されました

　　　　　　年　月　日

4 賞状

④ もらってうれしい！　かわいい・かっこいい賞状

5 学習に関する賞

国語

4-5-1 ［推奨サイズ：B5］

4-5-2 ［推奨サイズ：B5］

4-5-3 ［推奨サイズ：B5］

算数

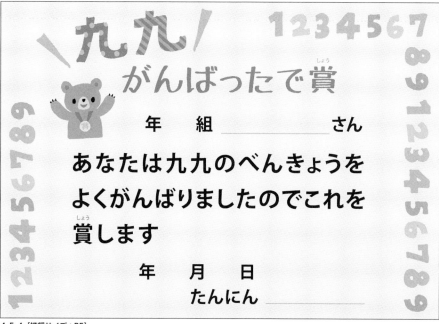

\九九/ がんばったで賞

年　組　_____　さん

あなたは九九のべんきょうを
よくがんばりましたのでこれを
賞します

年　月　日
たんにん　_____

4-5-4［推奨サイズ：B5］

体育

水泳名人賞

年　組　_____　さん

あなたは水泳をよく
がんばりゆうしゅうな
成績をおさめましたので
これを賞します

年　月　日
担任　_____

4-5-5［推奨サイズ：B5］

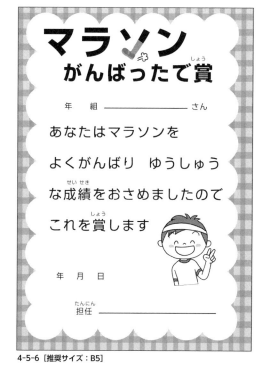

マラソン がんばったで賞

年　組　_____　さん

あなたはマラソンを
よくがんばり　ゆうしゅう
な成績をおさめましたので
これを賞します

年　月　日
担任　_____

4-5-6［推奨サイズ：B5］

④ もらってうれしい！　かわいい・かっこいい賞状

6 生活に関する賞

欠席0（ゼロ）賞

年　組　　　　　　　さん

あなたは一日も学校を休まず とてもりっぱでしたので これを賞します

年　月　日　たんにん　　　　　　　

4-6-1 [推奨サイズ：B5]

皆勤賞
空欄部分に"一年間""一学期"などと書き加えてお使いください。

皆勤賞（かいきんしょう）

年　組　　　　　さん

あなたは毎日元気に登校することができました そのがんばりをたたえ これを賞します

年　月　日
担任　　　　　

4-6-2 [推奨サイズ：B5]

皆勤賞（かいきんしょう）

年　組　　　　さん

あなたは　　　一日も学校を休まず 元気に生活することができました よって これを賞します

年　月　日
担任　　　　　

4-6-3 [推奨サイズ：B5]

係・委員会

係がんばったで賞

年　組　　　　　　　さん

あなたは　　　　　　係の
活動をよくがんばりましたので
これを賞します

年　月　日

担任　　　　　　　　　

4-6-4 [推奨サイズ：B5]

委員会がんばったで賞

年　組　　　　　　　さん

あなたは　　　　委員会の
活動をよくがんばりましたので
これを賞します

年　月　日

担任　　　　　　　

4-6-5 [推奨サイズ：B5]

④ もらってうれしい！　かわいい・かっこいい賞状

4-6-6 ［推奨サイズ：B5］

4-6-7 ［推奨サイズ：B5］

4-6-8 ［推奨サイズ：B5］

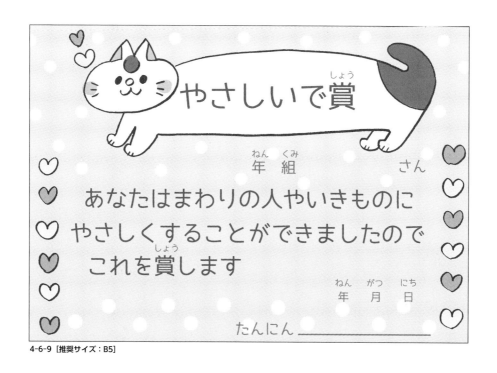

やさしいで賞

年組　　　　　さん

あなたはまわりの人やいきものに
やさしくすることができましたので
これを賞します

年月日

たんにん＿＿＿＿＿＿＿＿

4-6-9 ［推奨サイズ：B5］

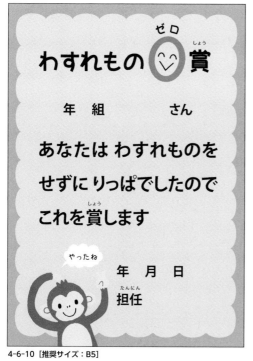

わすれものゼロ賞

年組　　　さん

あなたは わすれものを
せずに りっぱでしたので
これを賞します

年月日
担任

4-6-10 ［推奨サイズ：B5］

そうじ名人賞

年組＿＿＿＿さん

あなたは すばやく かつ
ていねいに そうじに取り組み
ましたので そうじ名人として
これを賞します

年月日
担任＿＿＿＿

4-6-11 ［推奨サイズ：B5］

飾り罫・飾り囲みで華やかなデザインに

日々のおたよりやプリントに飾り罫や飾り囲みをちょっと入れるだけで、かわいいデザインに早変わり！　子どもや保護者が思わず笑顔になるおたよりをつくってみましょう。
ここでは、PP.106〜109掲載の飾り罫・飾り囲みを使った、学級だよりアレンジ例を紹介します。

ARRANGE 1　飾り囲みでタイトルを彩る

飾り囲みでタイトルや見出しを飾ることで、印象ががらっと変わります。左の図のように、飾り囲みの上にテキストボックスをおいて、文字を載せるようにするとよいでしょう。

ARRANGE 2　飾り罫はサイズに応じて使う

おたよりのサイズに応じて、飾り罫のサイズを調整し、複数並べてデザインすることもできます。

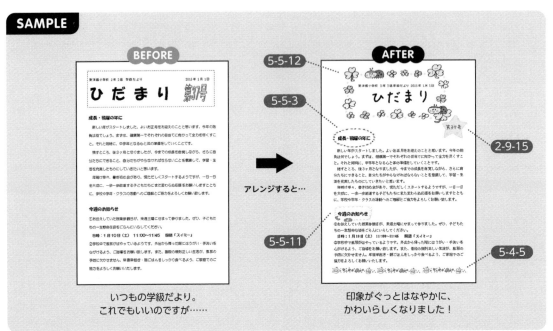

※『子どもと保護者の心に届く学級・学年だより文例集』（東洋館出版社）より文章を引用しております。

⑤

おたよりが華やかに！
メッセージカード・飾り罫

5 おたよりが華やかに！　メッセージカード・飾り罫

1 休んだ子への連絡カード

5-1-1 [推奨サイズ：B5]

5-1-2 [推奨サイズ：B5]

学校を欠席した子に、今日勉強したことや明日の予定を教えてあげるカードです。

5-1-3 ［推奨サイズ：B5］

5-1-4 ［推奨サイズ：B5］

5-1-5 ［推奨サイズ：B5］

⑤ おたよりが華やかに！　メッセージカード・飾り罫

② メッセージカード

お母さんへ

＿＿＿＿＿より

5-2-1 [推奨サイズ：B5]

母の日におすすめ

父の日におすすめ

お父さんへ

＿＿＿＿＿より

5-2-2 [推奨サイズ：B5]

様々な場面で使える
メッセージカードです。

5-2-3 ［推奨サイズ：B5］

5-2-4 ［推奨サイズ：B5］

5-2-5 ［推奨サイズ：B5］

5 おたよりが華やかに！　メッセージカード・飾り罫

3 便箋

季節にあわせて使うのがおすすめ！

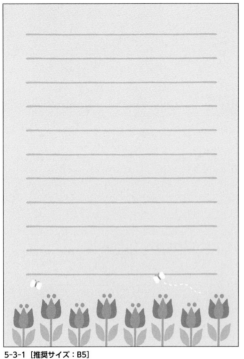

5-3-1 [推奨サイズ：B5]

5-3-2 [推奨サイズ：B5]

5-3-3 [推奨サイズ：B5]

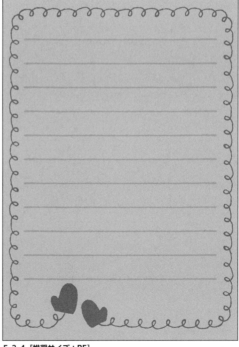

5-3-4 [推奨サイズ：B5]

かわいいデザインの便箋で心のこもった
お手紙を。様々な場面で使えます。

5-3-5 ［推奨サイズ：B5］　　　5-3-6 ［推奨サイズ：B5］

5-3-7 ［推奨サイズ：B5］　　　5-3-8 ［推奨サイズ：B5］

⑤ おたよりが華やかに！　メッセージカード・飾り罫

4 飾り罫

季節の飾り罫は学級だよりに最適！

5-4-1

5-4-2

5-4-3

5-4-4

5-4-5

5-4-6

おたよりやプリントを
かわいくアレンジできます。
P.98のアレンジ例を参考にしてください。

5-4-7

5-4-8

5-4-9

5-4-10

5-4-11

5-4-12

⑤ おたよりが華やかに！　メッセージカード・飾り罫

5 飾り囲み

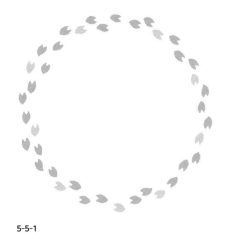

5-5-1

5-5-2

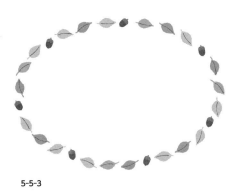

5-5-3

5-5-4

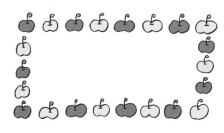

5-5-5

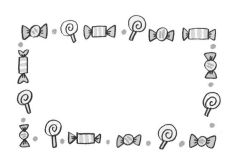

5-5-6

おたよりの見出しや文章を
かわいい飾りで囲みましょう。
P.98のアレンジ例を参考にしてください。

5-5-7

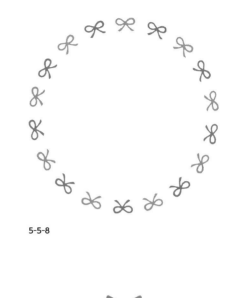

5-5-8

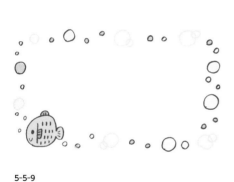

5-5-9

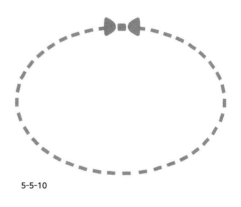

5-5-10

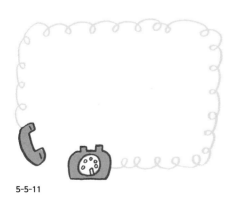

5-5-11

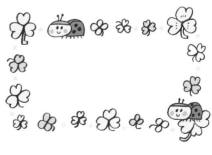

5-5-12

CD-ROM使用上の注意点　Windows対応
○推奨OS: Windows XP以降
○収録データ: Microsoft Office 2003以上推奨

❶ 必要動作環境
　　CD-ROMを読み込むことができるパソコンでお使いいただけます。OSのバージョンは問いませんが（推奨OS上記）、処理速度の遅いパソコンでは開くのに時間がかかることがありますのでご注意ください。

❸ PNGデータについて
　　CD-ROMに収録されているテンプレートのデータは、すべて解像度300dpiのPNG形式です。テンプレートを拡大して使用する場合、テンプレートのまわりの線にゆがみやギザギザが出る場合がございます。あらかじめ、ご了承ください。

❷ 取り扱い上の注意
○ディスクを持つときは、再生盤面に触れないようにし、キズや汚れなどをつけないようにしてください。
○使用後は、直射日光が当たる場所など、高温・多湿になる場所を避けて保管してください。

❹ その他の注意事項
○付属CD-ROMを紛失・破損した際のサポートは行っておりません。
○付属CD-ROMに収録したテンプレートを使用することで起きたいかなる損害及び被害につきましても、著者及び（株）東洋館出版社は一切の責任を負いません。

※使用許諾範囲について
○本書は著作権上の保護を受けています。本書の一部あるいは全部について、（株）東洋館出版社及び著作権者の許諾を得ずに無断で複写・複製することは禁じられています。ただし、購入者が本書のテンプレートをプリントなどに使用する場合は、この限りではありません。
○ご使用の際、クレジットの表記や個別の使用許諾申請も必要ありません。著作権料を別途お支払いする必要もありません。ただし、以下の行為は著作権を侵害するものであり、固く禁止されていますので、ご注意ください。「素材データの販売・複製」「素材データによる商品の製作・販売」「Web上における再配布行為」「素材データの商標登録」。
○本書付属のCD-ROMを、図書館及びそれに準ずる施設において館外に貸し出しすることはできません。

STAFF

[執筆・編集]
　教師生活向上プロジェクト

[装幀]
　國枝　達也

[イラスト]
　こふじたはなえ
　Chiro
　オセロ
　イオック

[CD-ROM 製作]
　株式会社フリークス

かわいい！　おしゃれ！
小学校で使えるいろいろテンプレート CD-ROM

2015（平成 27）年 3 月 13 日　初版第 1 刷発行
2020（令和 2 ）年 6 月 17 日　初版第 9 刷発行

編　者　　教師生活向上プロジェクト
発行者　　錦織　圭之介
発行所　　株式会社東洋館出版社
　　　　　〒113-0021　東京都文京区本駒込5丁目16番7号
　　　　　営業部　電話 03-3823-9206 ／ FAX 03-3823-9208
　　　　　編集部　電話 03-3823-9207 ／ FAX 03-3823-9209
振　替　　00180-7-96823
URL　　　http://www.toyokan.co.jp

印刷・製本　藤原印刷株式会社
© Kyoushiseikatsu koujou project, 2015
ISBN 978-4-491-03108-8　Printed in Japan

この1冊で学校生活が楽しくなる！

かわいい！使える！
イラスト＆テンプレート 小学校
CD-ROM Windows対応

教師生活向上プロジェクト 編

本体価格 1,900円＋税

これまでにない
プリント・カードが満載！

子どもたちが喜ぶ
イラストが満載！

もくじ

1 学校生活・学校行事
1. 入学式
2. 朝の会・帰りの会・朝礼
3. 日直
4. 時間割
5. 係活動・委員会活動・清掃
6. 授業参観
7. 修学旅行・通知表・夏休み
8. 水遊び・水泳
9. 運動会・学芸会
10. 音楽会・展覧会
11. 賞状
12. 給食・誕生会
13. 手洗い・うがい・歯磨き
14. 防災・安全
15. 6年生を送る会・卒業式

2 教科の学習
1. 国語
2. 社会
3. 算数
4. 理科
5. 生活
6. 音楽
7. 図画工作
8. 家庭
9. 体育Ⅰ[イラスト]
10. 体育Ⅱ[学習カード]
11. 道徳
12. 外国語活動
13. 総合的な学習の時間
14. 特別活動

3 イラストカット・テンプレート
1. 低学年の子ども
2. 中学年の子ども
3. 高学年の子ども
4. 先生
5. 季節
6. 動物・植物
7. 果物・乗り物
8. 連絡網・欠席連絡カード
9. トーナメント表・総当たり対戦表
10. めあてカード
11. 時間割
12. 賞状
13. お便りカード
14. 飾り文字
15. 飾り枠・吹き出し

4 学校施設、教材・教具
1. 学校・教室設備Ⅰ
2. 学校・教室設備Ⅱ
3. 子どもの持ち物
4. 算数・家庭科教材
5. 社会科教材・公共施設
6. 理科教材
7. 楽器・音楽教材
8. 運動施設・体育教材

 東洋館出版社

〒113-0021　東京都文京区本駒込5丁目16番7号
TEL: 03-3823-9206　FAX: 03-3823-9208
URL: http://www.toyokan.co.jp